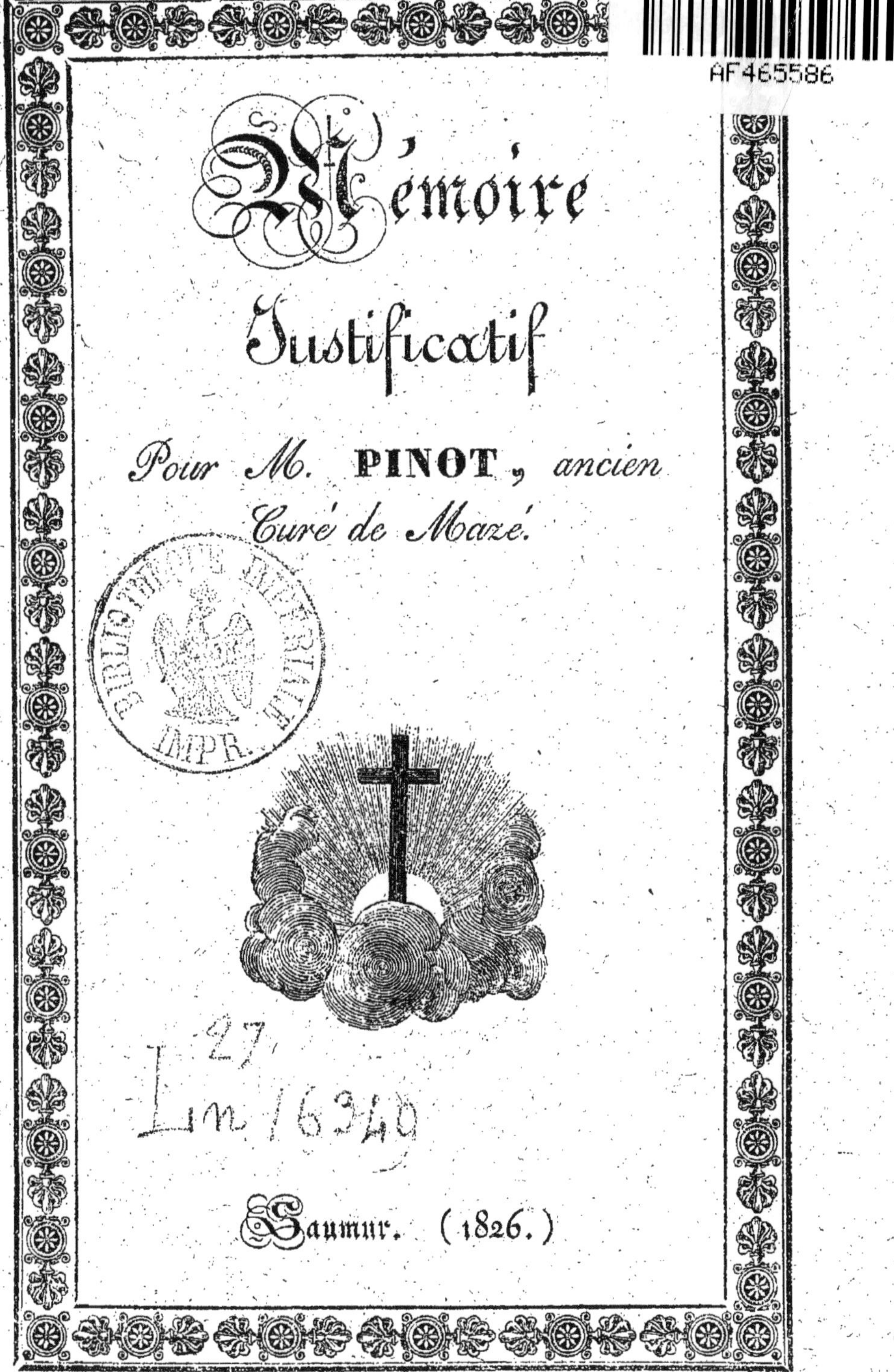

Mémoire Justificatif

Pour M. **PINOT**, ancien Curé de Mazé.

Saumur. (1826.)

MÉMOIRE

JUSTIFICATIF.

Les cinq Exemplaires voulus par la loi ont été déposés.

IMPRIMERIE DE A. DEGOUY.

Mémoire

JUSTIFICATIF

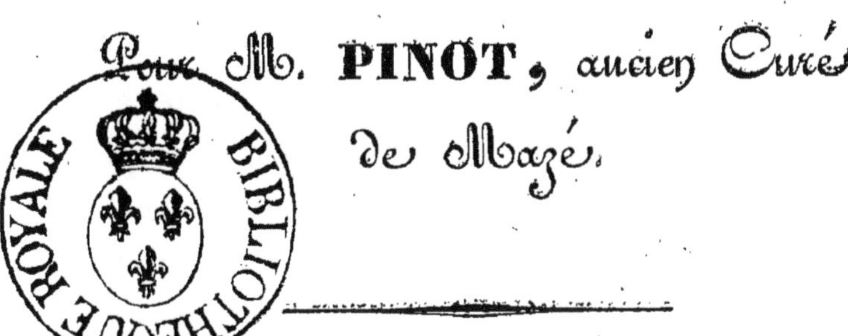

Pour M. **PINOT**, ancien Curé de Mazé.

J'ENTENDS dire de toutes parts que les Français sont libres, que nul ne peut être dépouillé de ses droits légitimes, que la Justice est rendue au dernier des sujets du Roi très-Chrétien ; je suis Français, je suis Prêtre, je suis à la tête d'un peuple qui m'aime ; on me dépouille de mes droits, on s'efforce de m'enlever ce que l'homme a de plus cher ! Et la Justice est muette, et, dans l'état où les choses de la Religion sont aujourd'hui, aucune puissance, soit ecclésiastique, soit civile, ne peut me venger ! Je me trompe. Il est sur la terre un tribunal suprême ; c'est l'opinion publique. Je me présente avec sécurité devant elle; et, sacrifiant volontiers les droits qu'elle ne peut me conserver, j'espère qu'elle sera assez éclairée, assez juste, pour m'assurer le plus précieux de tous les biens, ma réputation, mon honneur, injustement compromis et blessés.

Poursuivi depuis dix ans, en butte à un genre de persécution qui a peu d'exemples, je m'étais imposé un silence rigoureux, aimant mieux me sacrifier moi-même que de compromettre des intérêts sacrés; par un excès de prudence, que mes amis me reprochent aujourd'hui, j'avais consenti à abandonner sans bruit un peuple dont j'étais l'idole, et que je portais tout entier dans mon cœur. Je le déclare à la face du ciel et de la terre; si, contente de m'avoir perdu dans l'esprit d'un Prélat vénérable et dans l'opinion de quelques hommes que j'aimais, la calomnie n'eût publié son triomphe et profité de ma disgrâce pour me percer publiquement de ses traits empoisonnés, jamais je n'aurais rompu le silence, jamais je n'aurais entrepris une justification, qui, en détournant les coups qu'on a voulu me porter, doit accabler des hommes pervers.

On ne manquera pas de crier au scandale ; mais qu'on y réfléchisse : au point où les choses en sont venues, que je parle, que je me taise, le scandale existe. Malheur à ceux par qui le scandale arrive. Les hommes impartiaux jugeront entre mes ennemis et moi. Comme je ne veux point surprendre l'opinion publique, mais l'éclairer, je mets de côté toute recherche de langage ; je veux être simple, vrai, sincère ; c'est mon âme toute entière que je ferai connaître, ce sont des injustices, des crimes, que je suis forcé de dévoiler.

Né de parents vertueux, mais ignorés ; content de l'honnête fortune qu'ils m'ont gagnée à la sueur de leur front ; doué de talents bien ordinaires, je n'ai jamais cherché à faire parler de moi, et j'avoue qu'il m'est pénible d'entretenir le public et de l'intéresser en ma faveur. Je n'entreprendrai pas de faire en moi l'éloge de vertus auxquelles je n'ose prétendre ; ma conscience cependant me rend le témoignage que je n'ai jamais haï personne. Elle me dit encore que, depuis l'âge de quinze ans, j'ai bien plus vécu pour les autres que pour moi-même. J'ai fait bien des heureux ; j'ai trouvé quelques hommes reconnaissants ! Et cependant j'ai des ennemis ! Ah ! sans doute, ce sont des égoïstes, des cœurs d'airain, pour qui la haine est un besoin.

Prêtre en 1813, et Vicaire de l'église cathédrale, j'eus le bonheur, sinon de mériter, du moins d'obtenir l'estime et l'affection du respectable Abbé Touchet, qui en était Curé. Sa mort, qui fut envisagée dans la ville d'Angers comme une calamité publique, fut le commencement des persécutions que je devais essuyer. Les preuves non équivoques de l'estime publique, les regrets universels qui éclatèrent à ma sortie, mon nom que les malheureux prononcent encore avec reconnaissance, le sentiment enfin de ce que j'avais fait, tout me porte à croire que mon ministère ne fut pas entièrement stérile dans ce poste honorable. Qui pourra croire que les faibles succès d'un jeune homme de vingt-six ans aient pu effrayer l'envie et la porter aux excès dont je suis forcé de dérouler le tableau !

Voici le témoignage que me rendit, quelques mois après, mon estimable collaborateur, M. l'Abbé Pasquier, actuellement Aumônier du Collége Royal :

« Vous auriez tort et très-grand tort de
» soupçonner que j'aie pu vous oublier; cela
» est-il possible ? Je sens tout ce que j'ai
» perdu, et j'ai beau vous rechercher, je ne
» vous retrouve nulle part. Oui, j'en suis
» persuadé, et j'ose m'en vanter, quoi-
» qu'avec deux caractères différents, nous
» aurions mené ensemble la vie la plus heu-
» reuse. Nos vues et nos goûts pour le Mi-
» nistère étaient les mêmes..... Je vous dirai
» même, avec toute ma franchise, que jamais
» je n'oublierai le temps passé avec vous.
» Dans le détail du Ministère, au Catéchisme,
» chose si importante, j'ai pris avec vous des
» leçons que je n'aurais pas trouvées dans
» tous les Séminaires du monde. Aussi les
» enfants ont de l'affection pour moi; je leur
» parle souvent de vous, j'y ai quelqu'inté-
» rêt et même un grand intérêt..... Adieu,
» mon bon ami, n'oubliez jamais vos grands et
» vos petits amis qui sont à Angers, ils s'oc-
» cupent toujours de vous avec plaisir; ils
» souhaitent surtout que l'absence et l'éloi-
» gnement n'ôtent rien de l'affection que vous
» aviez pour eux..... J'excepte de ce grand
» nombre *un seul homme;* car j'ai beau
» chercher, je ne vois que lui; mais prions

» Dieu qu'il l'ait en sa sainte et digne garde.
» Pour nous, moins doctes et moins tran-
» chants, nous aimerons davantage et nous
» serons plus heureux. »

Ma sortie de Saint-Maurice, ma nomination à la cure de Mazé, furent généralement envisagées comme une disgrâce; les hommes clairvoyants ne prirent pas le change sur celui qui m'avait rendu *ce service*, et le nommèrent tout haut. On savait qu'on avait eu la bonté de penser à moi pour la cure de la cathédrale : je n'avais pas encore oublié que le Prélat lui-même, quelques mois auparavant, m'avait assuré que jamais il ne m'éloignerait de sa ville épiscopale. Ceux qui me connaissent doivent savoir que je suis sans ambition; je ne crois pas qu'un seul homme au monde puisse se flatter que je lui aie demandé quelque faveur pour moi.

J'acceptai avec courage le sacrifice qu'on m'imposait, et j'espérai qu'avec la grâce de Dieu je triompherais des obstacles sans nombre qui m'attendaient à Mazé. Je fus alors singulièrement encouragé par cette réflexion pleine de sagesse d'un homme dont le nom seul est un éloge (M. le Curé de Saumur):

« Votre sortie d'Angers, me dit-il, donne lieu à beaucoup de conjectures; les uns l'envisagent comme une disgrâce, les autres comme un trait de prudence de la part des Supérieurs ; beaucoup de personnes vous plaignent; moi, qui suis votre ami, l'ami de votre famille, je loue votre sort; vous quittez honorablement un poste honorable ; je connais l'*homme ennemi*, ses menées, ses intrigues; il serait venu à bout de vous perdre, si vous fussiez resté plus long-temps. »

Mon entrée à Mazé fut brillante et vraiment flatteuse pour un jeune homme. Les premières paroles que j'adressai à mes paroissiens furent accueillies avec respect, avec attendrissement, avec enthousiasme; je sus profiter de cet élan et des préventions favorables qui m'avaient précédé, et bientôt j'eus gagné la confiance et l'affection de cinq mille habitants. Des succès si heureux furent dûs en partie à la haute protection d'un noble Pair et de son honorable famille ; aux marques nombreuses de considération que je reçus des hommes les plus estimables du pays ; *mon infatigable ennemi* en fut épouvanté. Il faut qu'on sache l'infernal moyen qu'il mit en œuvre pour paralyser un ministère naissant sous de si beaux auspices..... On choisit quelques-uns de mes amis d'Angers, on arrive avec eux chez moi, on m'accable de *gracieuses caresses;* puis, après avoir sondé le terrein, on voit qu'un Prêtre habitué partage ma sollicitude pastorale; que cet homme, par sa fortune, par les services qu'il a rendus à la paroisse, conserve encore de l'influence; qu'il peut recevoir avec facilité des impressions fâcheuses contre celui autour duquel les esprits et les cœurs commencent à se ranger..... On l'aborde, on le flatte, on le charge en quelque sorte de veiller sur moi, en lui débitant mille horreurs sur mon compte. Germe funeste déposé dans son sein! Germe fécond, dont on espérait des fruits amers et abondants!

Cependant les succès de notre ministère allaient toujours croissants; j'étais heureusement secondé par un estimable vicaire, qui rivalisait de zèle avec moi. Nos paroissiens, étonnés de tant de dévouement, de travaux si multipliés, accouraient, à notre voix, se ranger sous l'étendard de la Croix; les paroisses voisines en ressentaient les heureuses influences, et venaient en foule entendre la parole de Dieu. *L'homme ennemi* en fut alarmé; dans la crainte que mes succès n'attirassent sur moi un regard favorable des Supérieurs, il les fait circonvenir. Quelques reproches imprudents qui me furent alors adressés m'en fournirent la preuve.

La ville de Beaufort, voisine de ma paroisse, est remplie d'hommes estimables qui, presque tous, m'offraient des délassements utiles; mon ennemi s'en irrite. Est-il vrai, dit-il à l'un de ces hommes honorables, que le Curé de Mazé ne jouit pas de l'estime du pays, qu'il se compromet par des liaisons dangereuses? Monsieur, lui répond froidement le négociant si odieusement interrogé, peu de maisons reçoivent autant de Mazeillais que la nôtre, et je puis vous assurer, d'après leur témoignage unanime, que M. le Curé est vénéré dans sa paroisse. Ce fut à cette époque que je fus, pour ainsi dire, forcé de m'éloigner de certaines personnes, dignes de l'estime la plus pure, et qui jusqu'ici n'avaient sans doute pas soupçonné le motif de cet éloignement.

Ce n'étaient là que les faibles commencements d'une guerre bien plus cruelle, plus meurtrière encore. Le Prélat recevait à la fois deux impressions contraires. Mon ennemi, ou quelques-uns de ses complaisants échos, me peignaient à ses yeux sous des couleurs odieuses ; mes amis, l'opinion publique, me présentaient comme un homme irréprochable et environné de l'estime générale.... Il fallait des faits, on en inventa.... C'est ici que j'ai besoin de recueillir toutes mes forces, tout mon courage ; c'est ici que je dois déplorer l'inconcevable aveuglement d'un Prélat vénérable dont j'apprécie les vertus... Il n'avait qu'un mot à dire, et je gardais un silence qui pourtant m'était préjudiciable... Mais non, on lui a insinué que je cherchais à l'effrayer par de vaines menaces, qu'on le taxerait de faiblesse, s'il venait à fléchir, et il a été étonné de se trouver ferme et inébranlable.

Huit ans s'étaient écoulés depuis mon entrée à Mazé ; la piété régnait dans la paroisse, il ne restait presque plus d'hommes égarés. Dans le dessein d'assurer mon ouvrage, pour asseoir sur des bases inébranlables l'édifice que je voulais élever, j'appelai à mon secours huit de mes confrères, et nous entreprîmes une Mission. Mes collaborateurs me reprochèrent alors, et je me suis depuis souvent reproché à moi-même de leur avoir adjoint un brouillon, dont la présence fut si nuisible à notre louable entreprise. Malgré les imprudences sans nombre qu'il fit en chaire et au confessionnal, tout parut bien se passer; l'entraînement fut presque général, et tout le monde sait avec quelle ardeur, avec quel zèle je secondai les efforts de mes amis, avec quel désintéressement je fis les frais de la Mission. La Croix de J.-C. fut plantée au milieu des cris d'allégresse de toute la paroisse. Mes vœux étaient remplis, mon âme était satisfaite. Le dernier jour, sur les dix heures du soir, j'allais me livrer aux douceurs du repos, M. le Curé de Blaison vint me trouver et me demanda une conférence. Mon ami, me dit-il, tu es perdu; un homme imprudent, exalté, a reçu au confessionnal des plaintes graves, il brûle d'en instruire l'Évêque; j'ai fait tous mes efforts pour arrêter ce torrent; j'ai essayé de lui démontrer l'invraisemblance de pareils aveux, la difficulté, l'impossibilité même de se servir d'un tel moyen; enfin il a pourtant consenti que je t'en parlasse. Je répondis à mon ami que je connaissais les menées des jeunes étourdies qui m'accusaient, que je connaissais leur confident, et que ma conscience ne craignait rien. Mon ami se persuada, je me persuadai moi-même que tout était fini.

Voilà le ressort qu'on a fait agir pour me perdre. Plusieurs malheureuses vont confesser des fautes imaginaires à un prêtre imprudent ; celui-ci, croyant remplir un devoir sacré, demande le nom du prétendu complice, et le dénonce à l'Évêque. Plus de cinquante prêtres ont connaissance de ce *secret de Confession*. Quelle n'a pas dû être la douleur du confesseur peu éclairé auquel on avait conseillé une pareille démarche ! Sans doute il ignorait que toutes les portes de l'évêché fussent ouvertes, quand il fit un si triste abus de son ministère.

Quelques semaines s'étaient à peine écoulées, et déjà deux prêtres de Saumur avaient connaissance de ces odieuses révélations ; le premier l'avait appris de l'Évêque lui-même, et en avait fait part au second qui se crut obligé de m'en informer. *L'homme qui me protége* n'avait pas tardé à en être instruit ; qu'on juge de sa joie et de l'empressement qu'il mît à répandre partout des bruits si flatteurs pour moi!... bientôt tous les prêtres qui voulurent l'entendre, connurent ce *secret de Confession.* Je me trompe, ce n'était pas une confession : car les coupables sont venues depuis m'avouer leur faute, non pas dans le Tribunal sacré (je ne croirais pas pouvoir me servir de cette connaissance), mais ostensiblement et en présence d'un homme sage et estimable.

Le moyen qu'on prenait pour me perdre était dangereux; quelque désir qu'on en eût, on n'osa pas éclater : beaucoup de confrères se montraient incrédules, d'autres demandaient des preuves plus positives, plus légales surtout. Un homme qui ne doute jamais de rien, s'était pour la première fois défié de lui-même, et, aussi habile que prévoyant, s'était ménagé une ressource assurée, dans le cas où il viendrait à échouer. Une jeune fille, qu'on ne connaissait que par le confessional, quitte ma paroisse, on l'emmène dans une autre, et l'on s'en sert pour l'exécution de ces nobles desseins.

C'est ici le comble de l'abomination et du scandale. C'est ici que la haine, la perfidie vont se montrer dans toute leur horreur. Jusque-là, ce n'étaient que des plaintes vagues et mal articulées ; tout était énigmatique ; on n'osait s'expliquer sur les personnes, on ne les connaissait pas; sur les circonstances, il était difficile d'en inventer ; elles pouvaient être frappées d'invraisemblance, de fausseté. La jeune fille vient voir sa famille à l'époque de la Saint-Jean. Elle retourne à Mouliherne, et, sur ce voyage, on fabrique une horrible calomnie, on forge une pièce accusatrice, on la dit écrite et signée de la fille Rose Raveneau elle-même (on aurait dû s'assurer auparavant si elle savait écrire). On la présente à mes amis qui demeurent stupéfaits et convaincus ; on leur défend de me déclarer le nom de la personne, le lieu d'où l'accusation est partie; on ajoute qu'elle n'a consenti à se prêter à cette dénonciation qu'à la condition expresse qu'elle ne sera jamais obligée de comparaître devant moi..... Que le lecteur impartial et judicieux médite sur ces circonstances; celui qui me les a transmises est trop ferme, trop loyal pour vouloir les démentir.

C'était dans le courant du mois de janvier 1826, j'écrivis à Sa Grandeur que j'étais informé qu'une accusation grave était ou devait être portée à son tribunal, que je la suppliais de me désigner le nom de la personne et de ne pas me refuser les moyens de justification; que d'ailleurs je lui offrais ma démission, bien persuadé que mes ennemis ne cesseraient leurs manœuvres perfides qu'après m'avoir perdu. Je n'obtins point de réponse. Je le déclare hautement, pendant longtems je me suis fatigué en recherches, j'ai sondé ma conscience, j'ai interrogé toutes mes démarches, et jamais je n'ai pu découvrir ce qui avait pu donner occasion à une telle atrocité.

Après les pénibles travaux du Carême et des Pâques, je vis Monseigneur à Saint-Mathurin: nous eûmes un long entretien ensemble; nous causâmes de cette malheureuse affaire, il voulut bien me désigner la personne accusatrice. Là, après que je lui eus démontré non seulement la fausseté, mais l'invraisemblance, le ridicule d'une telle accusation, il parut convaincu, appela un de mes amis qui avait lu la pièce, dit en sa présence qu'on ne saurait trop se tenir en garde contre de telles personnes, qu'on y était souvent trompé, et qu'il désirait qu'on ne parlât plus de cette affaire.

Le lendemain, dans une autre réunion, à laquelle je ne pus me rendre, le Prélat ayant entendu sur le même sujet *quelques-uns de mes amis*, porta un jugement contraire, et me fit dire tout simplement d'aller passer quelques mois à la Trappe, qu'il appréciait mes talents, et qu'il les emploierait après les jours d'épreuve.

Avant de partir pour la Trappe, je crus qu'il devait m'être facile de me justifier d'une faute que je n'avais pas commise; je dis au père Raveneau d'aller chercher sa fille à Mouliherne, et de la conduire chez moi avec sa femme. Ce qui fut ponctuellement exécuté. Là, en présence des parents, de M. Mollet, mon vicaire, de M. Tuffet, notaire à Mazé, la fille, interrogée, répondit qu'elle n'avait dit aucun mal de son Pasteur, qu'elle n'en connaissait point, qu'elle ne l'avait jamais dénoncé, qu'elle n'avait jamais écrit, ni fait écrire, que d'ailleurs elle ne savait même pas signer, ce que son père et sa mère affirmèrent avec elle. Ces déclarations, écrites et signées des personnes présentes, furent envoyées à l'évêché, accompagnées de ma démission; et, quelques jours après, je fus appelé à la barre épiscopale. Là, comme à Saint-Mathurin, Monseigneur reconnut qu'il y avait calomnie, me pressa de rester à mon poste, et accepta deux conditions que je crus avoir le droit de lui imposer. J'exigeai deux Vicaires, il me les promit. Je demandai qu'il écrivît, pour les dissuader, à ceux de mes confrères qui avaient connaissance de la dénonciation; il s'y engagea, et prit note des noms que je lui déclinai. Rendu à Mazé, pour prouver à mon Évêque que je ne voulais pas surprendre sa religion, je lui envoyai ma démission d'une manière absolue et régulière. M. le comte de Contades, qui ne se doutait de rien, eut occasion de le voir quelques jours après, et lui exprima de nouveau la résolution ferme où j'étais de quitter ma paroisse, si je n'obtenais deux Vicaires. Voici la réponse du prélat : Dites à M. le Curé de Mazé que la parole d'une Évêque est sacrée; je lui ai promis deux Vicaires, il doit y compter. Alors je demeurai tranquille.

L'homme ennemi, qui écoute toujours aux portes du palais épiscopal, ne tarda pas à connaître le dénouement d'une affaire à laquelle il prenait le plus vif intérêt; mes accusateurs le surent presque aussitôt que lui... On murmura tout haut, on se plaignit de la faiblesse d'un Prélat qui se laissait si facilement surprendre, et n'osait pas porter un coup depuis si long-temps désiré et attendu. Dans une réunion de vingt-cinq Prêtres, à Saint-Remi, l'un d'eux laissa échapper ces paroles (je n'ai pu savoir à quel propos) : « Rien n'est plus simple que de » terminer une affaire ; on fait paraître un » petit Vicaire, un jeune Notaire dont on » est sûr, on envoie une pièce à l'évêché, » le bon Évêque s'en contente, et l'on devient » blanc comme la neige. »

On me pardonnera d'entrer dans des détails si longs, si minutieux. Qu'on se souvienne que j'ai promis d'être simple. Persécuté sourdement depuis dix ans ; désolé d'abandonner un peuple qui me déchire le cœur par l'expression de ses regrets ; désespéré de recourir à un moyen si triste pour venger mon honneur, celui de ma famille, je dirai même celui de mes amis qui se trouvent attaqués dans ma personne ; je n'ai pas l'esprit assez libre pour chercher à éblouir le lecteur par le récit de mes disgrâces.

J'arrive au dénouement d'un drame si scandaleux. Dans les premiers jours du mois d'août, je m'étais rendu à la retraite ecclésiastique. Monseigneur m'appelle dans ses appartements, à peine y étais-je entré, que je vis successivement paraître six figures sinistres; c'étaient mes Confrères de la Mission, des Confesseurs qui, pour la plupart, fort éloignés de ma paroisse, n'avaient pu conserver avec elle aucune espèce de rapport. Ce fut là le singulier tribunal devant lequel je comparus. Ils furent à-la-fois accusateurs et juges. M. l'Abbé***, faisant l'office de rapporteur, rappela à Sa Grandeur les différents griefs que m'avaient imputés plusieurs Confesseurs depuis dix ans; insista sur les accusations qu'il lui avait lui-même soumises, au sortir du confessionnal, à l'issue de la Mission; enfin, il jura, par tout ce qu'il y a de plus saint, que la fille Raveneau avait écrit de sa propre main *la pièce accusatrice*. L'orateur porta la conviction dans tous les esprits, et on écouta avec impatience, avec un sourire dédaigneux, la réponse que j'y fis. J'eus beau prier qu'on observât combien il était injuste de faire ainsi comparaître un accusé, sans le prévenir, sans lui donner le temps de préparer ses moyens de défenses, lorsque l'attaque était si bien calculée, si bien concertée; on passa outre. En vain je demandais quels seraient les juges, si tous se rendaient accusateurs; on trouva la remarque frivole. Monseigneur, faisant les fonctions de président, demanda à son auguste conseil s'il avait la conviction que la dénonciation fut écrite de la propre main de Rose Reveneau : la réponse fut unanimement affirmative.

Je me permis d'observer à mes juges que le serment de M. l'Abbé *** ne suffisait pas pour éclairer leur religion, je demandai une enquête juridique pour vérifier le fait; on répondit qu'il n'était plus temps, et qu'il fallait éviter un éclat dangereux. (J'espère que les Magistrats recommandables, qui distribuent la justice au nom du Roi, ne seront jamais tentés de suivre un si déplorable exemple.) Après quelques reproches vagues, et sur lesquels je ne pus obtenir des faits, Sa Grandeur demanda s'il était vrai que je ne jouissais ni de la confiance, ni de l'affection de ma paroisse. Je fus encore condamné sur ce point. Puisque j'ai promis d'être vrai, il est de mon devoir de ne point omettre une concession qu'on voulut bien me faire, et qui mérite toute ma reconnaissance pour son auteur; je ne le nommerai point, sa modestie en souffrirait sans doute. M. le Curé de Mazé, dit-il, jouit encore d'une considération extérieure qu'il doit à la supériorité de ses talents et aux avantages de sa fortune..... Le témoignage était trop flatteur pour que je cherchasse à le contredire; je me permis néanmoins d'adresser les deux questions suivantes à deux confrères, mes plus proches voisins: « Vous avez sans doute quelques rapports avec mes paroissiens, pouvez-vous assurer qu'un seul vous ait dit sur le Pasteur des choses désobligeantes? » La réponse fut négative. — Comment osez-vous donc avancer qu'il ne jouit pas de l'estime et de l'affection de son peuple? — Nous ne pouvons pas nous expliquer; mais nous en avons la conviction.

A ces mots, Monseigneur prit la parole et prononça la sentence: « Depuis long-temps, me dit-il, plusieurs de vos confrères me font sur votre compte des rapports désavantageux, plusieurs de leurs pénitentes se plaignent de vous. M. l'Abbé ***, aussitôt après votre

Mission, m'avertit sagement que quelques personnes lui avaient confessé des fautes qui vous compromettaient ; vous voyez que vos paroissiens ne vous estiment, ne vous affectionnent point ; une pièce terrible, écrite et signée de la main de la fille Raveneau, convaincrait les plus incrédules. Je ne veux point sévir contre vous ; je ne dois point oublier que moi-même j'ai péché. Vous m'avez offert plusieurs fois votre démission, donnez-la aujourd'hui, je la reçois, et ces messieurs vont la recevoir avec moi. » — « Monseigneur, répondis-je, vous avez refusé ma démission, lorsque je vous l'ai présentée librement ; aujourd'hui je la refuse, parce que je ne suis pas libre, parce que vous me la demandez d'une manière arbitraire. D'ailleurs, ajoutai-je, laissez-moi suivre en paix les exercices de la retraite ; je suis las de tant d'injustices, de tant de persécutions, et probablement, avant mon départ, vous pourrez disposer de la cure de Mazé. » — Point de délai, s'écrièrent mes juges impartiaux, c'est une ruse ; nous ne serions plus là, et il se tirerait encore d'affaire. « — Vous êtes bien empressés, Messieurs, répartis-je ; qu'ai-je besoin de votre présence pour donner ou pour refuser ma démission à mon Évêque ? N'a-t-il pas l'interdit à sa disposition ? »

La séance devenait orageuse, elle fut levée ; et, la veille de la clôture de la retraite, mon Évêque vint lui-même me chercher dans ma chambre, me demanda le parti que je prenais, et reçut de vive voix ma démission pure et simple. Mais auparavant, je lui déclarai encore que sa religion avait été trompée, et que ma conscience ne me reprochait aucune des fautes dont j'étais accusé. Le Prélat, devenu plus doux parce qu'il était seul, me promit sa protection, si je me déterminais à me rendre à Paris, et m'écrivit, de sa propre main, une lettre très-flatteuse de recommandation, dont il daigna me donner lecture. Puis, me prenant la main et la serrant dans la sienne, il laissa échapper quelques larmes auxquelles j'unis les miennes : « Je ne vous oublierai point, me dit-il au moment où je me séparais peut-être pour toujours de lui, vous m'écrirez de Paris, et je me ferai un vrai plaisir de vous répondre. »

Mon sacrifice était consommé ; j'allais, sans mot dire, abandonner un peuple auquel j'avais dévoué ma vie toute entière. Les intérêts de la Religion, que je craignais de compromettre, m'avaient déterminé au silence le plus absolu. Mes imprudents ennemis n'ont pu cacher leur coupable triomphe, et, dans l'espace de deux jours, tout le diocèse a connu les motifs de ma disgrâce. Dès-lors le silence devenait lâcheté, approbation tacite ; ma famille, mes amis, m'ont fait un devoir de le rompre. Les âmes les plus timorées doivent me pardonner de prendre le seul moyen qui puisse me justifier. Je sais que les ennemis de la Religion pourront s'emparer de cette affaire déplorable, et y trouver matière à scandale. Je les désavoue d'avance, je ne m'adresse qu'aux amis de la vérité ; quelles que soient leurs opinions, ils savent que la Religion n'est pas responsable des erreurs, des crimes même de ses Ministres.

Mes nombreux paroissiens ne furent instruits de ma disgrâce que le dimanche 13 août ; personne n'ignore que la douleur et l'indignation furent à leur comble dans toute la commune.... Mes ennemis avaient osé assurer, en présence du Prélat, que je ne pouvais plus compter sur l'estime et l'affection de mon peuple.... En voici la preuve. Le jour de l'Assomption, au moment où je m'avançais à l'Autel, je fus accueilli par les pleurs, par les gémissements de tous les assistants. A ce déchirant spectacle, mon courage fléchit, et, pendant la sainte Messe, le Pasteur et le troupeau confondirent leurs larmes.

A la Messe solennelle, j'avais un triste ministère à remplir; ne pouvant plus me rendre maître de mon émotion, je priai M. l'Abbé Mollet, mon estimable Vicaire, de parler pour moi. Il était à peine monté dans la chaire de vérité, qu'un grand nombre de fidèles sortirent du lieu saint, que les autres firent éclater toute leur douleur. Les dernières paroles qu'il fit entendre sont trop favorables à ma cause, pour que je les passe sous silence. Elles m'ont été transmises par M. le comte de Contades. « A la face du ciel et de la terre, en présence du grand Dieu qui nous jugera tous, je déclare que les cinq années que j'ai passées auprès de votre respectable Pasteur, sont les plus belles de ma vie, que je n'ai jamais reçu de lui que des exemples de vertu . . . il était . . .

il était . . . en un mot, il était mon ami. » Ces dernières paroles furent à-peine entendues, tant fut vive et générale l'explosion des regrets!

On n'a pas craint de dire que je ne jouissais pas de l'estime et de l'affection de mes paroissiens ; en voici une preuve nouvelle. Pendant les quatre derniers jours que je passai au presbytère, avant six heures du matin, mon église était remplie des fidèles qui voulaient encore entendre la messe de leur Pasteur; le reste de la journée, ma maison était sans cesse assiégée d'hommes qui venaient, fondant en larmes, se jeter dans les bras de leur ami commun. . . . . *Je ne jouissais pas de l'estime et de l'affection de mon peuple !* Qu'on interroge mon malheureux successeur ! qu'il dise comment il a été reçu à Mazé ! qu'il nomme les personnes qu'il a rencontrées sur son passage et à l'église ! (1)

Mais, dit-on, une pièce convaincante est entre les mains de l'Évêque, elle est écrite et

---

(1) Un homme d'un rang distingué disait à ce sujet : La présence du nouveau Curé a produit le même effet que le premier régiment prussien qui entra dans cette commune après les cent-jours.

signée de la main de la fille Raveneau. Voici ma réponse : La fille Raveneau a été interrogée par des hommes graves, par MM. l'Abbé Mollet ; Tuffet, Notaire ; Couché, Curé des Rosiers ; Desmarquais, Propriétaire à Beaufort ; elle jure qu'elle n'a jamais reçu de son Pasteur que de bons conseils et des exemples de vertu ; elle déclare qu'elle n'a jamais consenti, quoique vivement sollicitée, à se prêter à l'action atroce qu'on lui attribue, que d'ailleurs elle ne sait pas écrire ; elle va plus loin (et qui pourra le croire), elle assure qu'un jour elle fut entraînée dans une sacristie, et que là, on lui présenta un livre (c'était sans doute un bréviaire ou l'imitation de J.-C.), en lui disant : Je vais te dicter quelques mots, vois comme les lettres de ce livre sont faites, et tu les imiteras ; elle ajoute qu'elle s'y est refusée avec horreur.

M. l'Abbé *** jure que la fille Raveneau a écrit de sa propre main cette pièce accusatrice ; mais ses père et mère protestent qu'elle n'a jamais su écrire ; mais la seule maîtresse d'école qui lui ait donné des leçons jure qu'elle n'a jamais su former un mot, tracer une lettre ; mais toutes les amies, tous les voisins de cette fille font la même déclaration. La fille Raveneau a écrit cette pièce de sa propre main ! mais on a trouvé chez ses parents les lettres qu'elle leur adressait pendant son séjour à Mouliherne, elles sont écrites par une main étrangère et exercée, nous les avons entre les mains. Si Rose Raveneau avait su écrire assez bien pour adresser une lettre à un Évêque, sans doute elle aurait assez bien écrit, pour correspondre avec ses parents, qui sont de simples et honnêtes villageois.

On m'a conseillé d'intenter un procès à M. l'Abbé ***. Mon caractère s'y oppose... Il me suffit que l'opinion publique me donne gain de cause. D'ailleurs il saura que la fille Raveneau l'accuse publiquement d'être un calomniateur, un faussaire; pour moi, qui n'ai jamais eu de rapports avec cette jeune personne, qui ne l'ai pas même vue à l'époque mentionnée dans la dénonciation, qui me trouve victorieusement justifié par les déclarations ci-dessus énoncées, et par la juste indignation de ma paroisse toute entière, je laisse à M. l'Abbé le soin de vider cette affaire avec sa pénitente....

Jusqu'ici je me suis borné à rapporter simplement des faits, sans les accompagner d'aucunes réflexions ; voici une remarque flatteuse qui a été faite par un homme judicieux avec prière de lui donner de la publicité, si je me décidais à faire imprimer ma justification.

« Sans rien préjuger dans l'affaire malheureuse qui vous concerne ; dans toute hypothèse, je vois, et tous les hommes sensés verront avec moi, le comble de l'imprudence. On porte dans le pays un coup irréparable à la Religion..... Quoi ! me suis-je dit à moi-même, M. le Curé de Mazé jouissait de l'estime, de l'affection de la plus grande paroisse du diocèse, il avait des rapports honorables avec tout ce qu'il y a de plus distingué dans la société ; ses talents, sa fortune, l'usage qu'il faisait de l'un et de l'autre lui avaient assigné un rang supérieur dans le clergé ; il était président des conférences ecclésiastiques, distinction d'autant plus honorable que ce n'est pas le pouvoir qui la donne, mais le suffrage de ceux qui en font partie. Etait-ce là l'homme à qui on devait jeter la première pierre ?... Eût-il eu quelques faiblesses, se fût-il rendu même coupable de quelques fautes (quel mortel en est exempt), ne devaient-elles pas être ensevelies, ignorées? Etait-ce à ses confrères qu'il appartenait de les divulguer?... Comment s'exliquer ce téméraire empressement de M. l'Abbé *** ? Quel motif louable pouvait-il se proposer, en colportant de paroisse en paroisse une dénonciation qui tendait à perdre son ancien maître. Une faute secrète est commise à Mazé (je le suppose); d'où vient qu'ignorée sur le théâtre même où elle a été commise, elle est connue en même temps à Mouliherne, à Angers, à Beaufort, à Saumur, à Blaison, à Fontaine, à Allonnes, que sais-je? en bien d'autres lieux? Hommes de bonne foi, répondez! Est-ce la gloire de Dieu, n'est-ce point plutôt l'envie de nuire, la haine, qui ont inspiré de semblables démarches? »

Quoiqu'il en soit, je ne finirai point sans assurer mes ennemis que je leur pardonne le mal qu'ils m'ont voulu faire. Mon cœur ne fut jamais accessible à la haine. Je sais distinguer, parmi quelques amis, des hommes abusés qui me rendront plus tard la justice qu'ils me devaient; je connais la noblesse de leur caractère, de leurs sentiments; plus ils se sont montrés sévères, plus ils ont acquis de droits à mon estime.... J'ajouterai même, pour les justifier, que quelques confidences, quelques épanchements de l'amitié, le besoin que j'éprouvais de leur faire connaître mon âme toute entière, comme je connaissais la leur, a pu leur faire tirer des inductions défavorables. Car je n'ai pas la prétention de tromper les hommes auxquels j'en appelle; je ne me présente pas à leurs yeux comme un Ange descendu du ciel. Homme, je suis faible comme les autres hommes; chrétien, j'ai souvent eu besoin d'implorer la miséricorde divine pour obtenir le pardon de mes fautes; Prêtre, je me suis efforcé de les réparer en me dévouant au bien de mes frères; quant à celles qu'une odieuse calomnie m'a imputées, je les désavoue, les hommes sages et mon peuple tout entier les désavoueront avec moi.

Pour vous, bons habitants de Mazé, qui fûtes mes amis et qui le serez jusqu'à mon dernier soupir, vous avez trop bien payé mes travaux, mes sollicitudes, mon zèle, mon amour! La Providence, toujours impénétrable dans ses voies, sépare pour toujours le Pasteur et le troupeau, le père et les enfants! Gardez-vous de passer les bornes d'une douleur légitime. L'Évêque est votre premier Pasteur ; il peut se tromper puisqu'il est homme, mais respectez ses erreurs même et recevez avec soumission celui qui a le malheur de me succéder. Pour moi, après vous avoir fait, pendant dix ans, le sacrifice de ma jeunesse, et, j'ose le dire, d'une partie de ma fortune, je n'ai plus à vous offrir que le juste tribut de mes prières et de mes larmes! Fatigué des injustices des hommes, je vais m'éloigner de mes persécuteurs et vivre paisible au milieu de mes nombreux amis, qui ne se sont jamais montrés plus généreux, plus sincères, que depuis le moment où ils ont pu me croire malheureux.

Mazé, 19 août 1826.

L. PINOT, Prêtre.

www.ingramcontent.com/pod-product-compliance
Ingram Content Group UK Ltd.
Pitfield, Milton Keynes, MK11 3LW, UK
UKHW012119240726
13965UKWH00005B/1855